Comer saludable

por Helen Gregory

Tabla de contenidos

Alimentos 2
Granos 4
Frutas y verduras 6
Proteínas 10
Lácteos 12
Otros alimentos 14

Consultora:
Adria F. Klein, Ph.D.
California State University, San Bernardino

capstone classroom
Heinemann Raintree • Red Brick Learning
divisions of Capstone

Alimentos

Los alimentos le dan a tu cuerpo la energía necesaria para jugar al fútbol o saltar en una carrera de embolsados.

Tu cuerpo necesita alimentos de clases diferentes para estar sano.

Granos

Los alimentos se dividen en cinco grupos. Uno de estos grupos es el de los granos.

Comer granos integrales, como las pastas de harina integral, la avena o las palomitas de maíz, es saludable para ti. ¡Comienza el día con un buen tazón de cereal integral!

Frutas y verduras

Otro grupo es el de las frutas.
Las frutas tienen muchas vitaminas.

Las vitaminas te ayudan a crecer, a mantener tus dientes saludables y a cicatrizar las lastimaduras.

Otro grupo es el de las verduras. Las verduras también tienen vitaminas y fibras.

La fibra ayuda a que tu cuerpo funcione mejor. Las verduras de colores más vivos son las más saludables.

Proteínas

En el grupo de las proteínas están la carne de vaca, la carne de ave, el pescado, los frijoles y los huevos.

Las proteínas fortalecen los huesos, la piel, los músculos y los tejidos.
Los frutos secos son una buena fuente de proteínas.

Lácteos

El último grupo es el de los lácteos. Entre los lácteos se encuentra la leche, el yogur y el queso.

Los lácteos te mantienen los dientes y los huesos fuertes. Elige leche, queso o yogur descremado con bajo contenido de grasa.

Otros alimentos

Los aceites no son un grupo alimenticio, pero necesitas un poco todos los días. Puedes obtener aceites saludables de los pescados y de los frutos secos.

A veces, puedes darte un gusto. ¡Trata de elegir cuando meriendas alimentos que sean saludables también!

Todos los días debes comer alimentos de todos los grupos.